ASSOCIATION DES INDUSTRIELS DE FRANCE

Pour préserver les ouvriers

DES ACCIDENTS DU TRAVAIL

Fondée à Paris en 1883.

LOI

SUR LES ACCIDENTS DU TRAVAIL

Résumé des vœux émis au Congrès

des Industriels de France

dans leurs réunions de Juin à Décembre 1888.

PARIS

AU SIÈGE DE L'ASSOCIATION

6, RUE DE LA CHAUSSÉE-D'ANTIN, 6

1888

CONSEIL DE DIRECTION DE L'ASSOCIATION

MM. **E. MULLER**, O. ✠, Professeur à l'École Centrale, ancien Président de la Société des Ingénieurs civils, fabricant de produits céramiques, *Président*, 20, avenue du Trocadéro.

A. CHAIX, ✠, Imprimeur-Éditeur, *Vice-Président*, 48, avenue du Trocadéro.

Ferd. MATHIAS, O. ✠, Ingénieur-chef du Matériel et de la Traction au chemin de fer du Nord, *Vice-Président*, 81, rue Maubeuge.

MM.

Julien AGNELLET, de la maison Agnellet frères, 123, rue de Reuilly.

Jules ARMENGAUD, ✠, Ingénieur civil, 23, boulevard de Strasbourg.

AUJAY, Avocat à la Cour d'appel de Paris, 37, rue de Trévise.

BAUDET, Constructeur en fer, 139, rue Saussure.

Frédéric BERTRAND, ✠, Président du Conseil des Chambres syndicales de Paris, 100, avenue de Clichy.

BIGO, de la Maison Danel, Imprimeur, 93, rue Nationale, à Lille.

H. BIVER, ✠, Administ^r de la Cie de Saint-Gobain, 8, rue Meissonier.

E. BOURDON, Ingénieur-Mécanicien, 74, rue du Faubourg-du-Temple.

BOURGIN, de la maison Bourgin, Drin et Trouvé, Apprêts et blanchiments, à Courbevoie.

Dr F. BRÉMOND, ❦, Inspect. départ. du travail des Enfants, 66, rue Rochechouart.

BRICOGNE, ✠, Ing^r chef du Matériel roulant au Ch. de fer du Nord, 33, Faub. Poissonnière.

Henri CARTIER, Manufacturier, 82, route de Flandre, Pantin.

E. CHABRIER, O. ✠, Administrateur de la Cie g^le transatlantique, 4, av. du Coq.

Alban CHAIX fils, Imprimeur, 20, rue Bergère.

CHRISTOFLE, O. ✠, Manufacturier (orfèvrerie), 56, rue de Bondy.

DANZER, Ingénieur civil, 40, rue Pascal.

DUMONT, O. ✠, Directeur de la Société des Papeteries du Marais, à Jouy-sur-Morin (Seine-et-Marne).

FORTIN, Fabricant d'émeri, 34, rue Sedaine.

GAGET, ✠, Entrep^r de plomberie et cuivrerie artistique, 25, rue de Chazelles.

E. GENESTE, ✠, Constructeur d'appareils de chauffage, 42, rue du Chemin-Vert.

Dr H. GEORGE, ❦, Maître de conférences à l'Institut agronomique, 8, r. des Ecoles.

GOTENDORF, Ingénieur-Mécanicien, 39, rue de Clichy.

GRUNER, Ing^r civil des Mines, 6, r. Férou.

HÉGELBACHER, ✠, Sous-Directeur de l'Ecole Centrale, 1, rue Montgolfier.

HENNIN, Avocat à la Cour d'appel de Paris, 35, rue du Général-Foy.

JEANTAUD, Fabricant de carrosserie, 51, rue de Ponthieu.

G. JOUSSET, Président de la Chambre syndicale des Imprimeurs-Typographes, 16, avenue de l'Observatoire.

KREUTZBERGER, O. ✠, Ex-Ingénieur des Ateliers de l'Artillerie, à Puteaux.

E. LECŒUR, ✠, Ingénieur des Ponts et Chaussées, 4, avenue Victoria.

LOMBART, ✠, Fabricant de chocolat, 75, avenue de Choisy.

LUCHAIRE, Constructeur d'appareils d'éclairage, 27, rue Erard.

MARESTAING, 8, rue Louis-le-Grand.

MARIÉ-DAVY, ✠, ancien Directeur de l'Observatoire météorologique de Montsouris, 21, rue Pierre-Guérin.

L. MARTIN, ✠, Ingénieur en chef du Ch. de fer de Vincennes, 69, b^d Beaumarchais.

MOREL, ✠, Fabricant de plâtres, Président du Conseil de Prud'hommes de la Seine, 114, rue de Paris, à Montreuil.

MOURCEAU, O. ✠, M. de la Commission des valeurs de douanes, 16, rue Vignon.

MOZET, O. ✠, ❦, Président de la Chambre syndicale des Entrepreneurs de maçonnerie, 39, rue de la Bienfaisance.

NUSSE, ❦, Greffier à la Cour de cassation, 52, boulevard Saint-Michel.

J. PÉRIN, I. ❦, Avocat à la Cour d'appel, Secrétaire hon. de la Société de protection des apprentis, 8, rue des Écoles.

PÉRISSÉ, ✠, ❦, Ingénieur, Expert près les tribunaux de la Seine, 12, rue de Turin.

A. PIAT, ✠, Mécanicien-Fondeur, 85, rue Saint-Maur.

Le Président de la Société industrielle de l'Est, à Nancy.

Le Président de la Soc. industrielle du Nord de la France, à Lille.

Le Présid. de la Soc. ind. de Reims.

Le Président de la Soc. industrielle de Saint-Quentin et de l'Aisne.

Docteur A. ROBIN, O. ✠, Membre de l'Académie de Médecine, 4, rue de Saint-Pétersbourg.

E. SIMON, Ingénieur civil, 78, boulevard Arago.

Max THOMAS, Ingénieur civil, 86, rue de Grenelle.

Ch. TISSIER, Teinturier en peaux, 49, boulevard Arago.

TALANSIER, Ingénieur des Arts et Manufactures, *Secrétaire général*, 6, rue de la Chaussée-d'Antin.

Ingénieurs-Inspecteurs de l'Association { MM. **Mamy**, ❦, Ingén^r des Arts et Manuf^res. / **Thareau**, Ingénieur des Arts et Manuf^res. } 6, Chaussée-d'Antin.

Inspecteur. — M. **Arquembourg**, Ingén^r des Arts et Manuf^res, 76, rue de Venise, à Reims.

ASSOCIATION DES INDUSTRIELS DE FRANCE

POUR PRÉSERVER LES OUVRIERS

DES ACCIDENTS DU TRAVAIL

Fondée à Paris en 1883.

LOI

SUR LES ACCIDENTS DU TRAVAIL

Résumé des vœux émis au Congrès

des Industriels de France

dans leurs réunions de Juin à Décembre 1888

PARIS

AU SIÈGE DE L'ASSOCIATION

6, RUE DE LA CHAUSSÉE-D'ANTIN, 6

1888

(C.)

LOI

SUR LES ACCIDENTS DU TRAVAIL

**Résumé des vœux émis au Congrès
des Industriels de France
dans leurs réunions de juin à décembre 1888**

Messieurs les Sénateurs,

L'Association des Industriels de France pour préserver les ouvriers des accidents du travail a pris l'initiative de réunir en Congrès, en outre de ses membres, les Chambres syndicales industrielles, les Sociétés industrielles et toutes les Associations que la nouvelle loi peut intéresser.

Se sont fait représenter au Congrès : l'Association de l'Industrie française, l'Association amicale des anciens élèves de l'École Centrale des Arts et Manufactures, la Société industrielle de Lille et du nord de la France ; les Sociétés industrielles de Lyon, de Reims, de Saint-Quentin, d'Elbeuf, de Nancy ; le Syndicat cotonnier des Vosges, l'Association nationale de la Meunerie française, l'Association des Fabricants de papier de France ; les Compagnies de chemins de fer du Nord, de l'Ouest, de l'Est, de Paris-Lyon-Méditerranée; les Chambres syndicales des Industries du Bâtiment de Paris et des départements ; les Chambres syndicales des Produits chimiques, des Cuirs et peaux, de la Bijouterie, joaillerie et orfèvrerie, des Fabricants de jouets, des Entrepreneurs de Travaux publics, des Filateurs de laine de la Seine-Inférieure, de l'Eure et du Calvados, des Constructeurs et entrepreneurs électriciens, des Fabricants de couverts, des Constructeurs-mécaniciens, des Fondeurs, des Distillateurs, de l'Horlogerie, de l'Industrie métallurgique, etc., et un grand nombre d'industriels employant beaucoup d'ouvriers.

Toutes ces Associations, Chambres syndicales, Sociétés, etc., représentent de vingt-cinq à trente mille industriels français.

Elles se sont réunies pour étudier le projet de loi sur la responsabilité des accidents du travail et formuler leurs vœux à cet égard.

Nous avons l'honneur de vous transmettre les plus importants de ces vœux, en appelant votre attention sur ce fait, **qu'à l'unanimité moins cinq voix, le principe de l'assurance obligatoire a été adopté**, *avec participation des ouvriers au paiement de la prime et faculté pour l'industriel de s'assurer soit à la Caisse de l'État, soit à des syndicats d'assurance mutuelle, soit aux Compagnies d'assurance contre les accidents, sous le contrôle de l'État et les garanties d'un Règlement d'administration publique spécial.*

Cette solution a paru la meilleure, surtout dans l'intérêt des petits industriels qui constituent la grande majorité de l'industrie française et dans l'intérêt des ouvriers eux-mêmes.

Nous avons fait précéder l'exposé de ces vœux des observations générales qui les ont motivés, et nous avons l'espoir,
Messieurs les Sénateurs, que vous voudrez bien les prendre
en sérieuse considération.

Le Bureau du Congrès :

Le Président :

M. Émile Muller, O. ✻, Président de l'Association des Industriels de France pour préserver les ouvriers des accidents du travail, Industriel, Professeur à l'École
Centrale, ancien Président de la Société des Ingénieurs civils.

Les Vice-Présidents :

MM. Gignou, ✻, Vice-Président du Conseil des Chambres
syndicales de l'Industrie et du Bâtiment, Président de la Chambre syndicale des entrepreneurs
de serrurerie ;

Ferd. Mathias, O. ✻, Ingénieur-chef du matériel et
de la traction au Chemin de fer du Nord ;

Mozet, O. ✻, ◉, Président de la Chambre syndicale
des entrepreneurs de maçonnerie, ancien juge au
Tribunal de commerce ;

Périssé, ✻, Ingénieur-expert des Tribunaux, Vice-
Président de la Société des Ingénieurs civils.

Les Secrétaires :

MM. H. Mamy, ◉, Ingénieur des Arts et Manufactures ;
Ch. Talansier, Ingénieur des Arts et Manufactures.

LOI

sur les Accidents du Travail.

---

*Résumé des vœux émis au Congrès des Industriels de France
dans leurs réunions de juin à décembre 1888.*

CONSIDÉRATIONS GÉNÉRALES

Les accidents qui se produisent dans le travail peuvent
être rangés, quant à leurs causes, en quatre classes :

1° Ceux qui proviennent de la faute exclusive du patron (1) ;

2° Ceux qui proviennent à la fois d'une faute du patron
et d'une faute de l'ouvrier (2) ;

3° Ceux qui proviennent de la faute exclusive de l'ouvrier (3) ;

4° Ceux qui ont pour cause le cas fortuit ou la force majeure (4).

Remarquons que cette classification, juste en théorie,

Exemples :

(1) Un ouvrier travaille à une meule en émeri, animée d'une trop
grande vitesse pour sa résistance. Elle éclate : l'ouvrier est blessé par
les éclats.

(2) L'ouvrier est saisi par les engrenages *non recouverts* d'une machine, en voulant les nettoyer en marche, malgré la défense qui lui en
a été faite.

(3) L'ouvrier employé à une machine, dont les engrenages sont recouverts, enlève le couvre-engrenages pour nettoyer les roues dentées
en marche, malgré la défense du patron.

(4) Une pièce de machine bien construite se casse sans que rien ait
pu faire prévoir, ni expliquer l'accident ; elle blesse ou tue l'ouvrier.

n'est pas toujours facile en pratique, et qu'il y a bien des cas où la véritable cause de l'accident reste inconnue.

Quel est l'état actuel de la législation qui régit cette question des accidents du travail?

Il n'y a pas de législation spéciale au point de vue de la responsabilité.

C'est le droit commun qui intervient, par application notamment des articles 1382 et suivants du Code civil, 319 et 320 du Code pénal, qui rendent chacun responsable de sa faute, de sa négligence ou de son imprudence.

ART. 1382. — Tout fait quelconque de l'homme qui cause à autrui un dommage, oblige celui par la faute duquel il est arrivé à le réparer.

ART. 1383. — Chacun est responsable du dommage qu'il a causé, non seulement par son fait, mais encore par sa négligence ou son imprudence.

ART. 1384. — On est responsable, non seulement du dommage que l'on cause par son propre fait, mais encore de celui qui est causé par le fait des personnes dont on doit répondre ou des choses que l'on a sous sa garde.

ART. 319. — Quiconque, par maladresse, imprudence, inattention, négligence ou inobservation des règlements, aura commis involontairement un homicide ou en aura été la cause involontaire, sera puni d'un emprisonnement de trois mois à deux ans et d'une amende de cinquante francs à six cents francs.

ART. 320. — S'il n'est résulté du défaut d'adresse ou de précaution, que des blessures ou coups, le coupable sera puni d'un emprisonnement de six jours à deux mois et d'une amende de seize francs à cent francs, ou de l'une de ces deux peines seulement.

Au point de vue du droit strict, au point de vue de la justice absolue, cette législation est-elle sujette à critique? Nous ne le pensons pas. Nous croyons qu'elle est l'expression même de l'équité et qu'elle est irréprochable.

Signalons cependant une école nouvelle de Jurisconsultes qui l'attaquent dans son application aux questions d'accident et qui prétendent trouver dans le contrat de louage de services la véritable source de la responsabilité du chef de maison en matière d'accidents du travail.

Tout en reconnaissant et en déclarant que le droit commun actuel est l'expression même de l'équité, ne donnet-il pas lieu, dans son application, à certaines critiques de détail ?

Tout le monde paraît d'accord sur ce point.

On reconnaît que la procédure est trop longue et qu'elle retarde beaucoup trop le règlement des affaires. Il y a urgence pour l'ouvrier, à la suite d'un accident, à recevoir rapidement l'indemnité à laquelle il peut avoir droit. — Il est donc juste que la procédure en cette matière soit accélérée.

Un certain nombre d'industriels s'en tiennent là et estiment que cette abréviation de procédure, qu'une solution immédiate, est la seule amélioration qu'il convient d'apporter à l'état de choses actuel.

D'autres vont plus loin et pensent que la loi ne doit pas se préoccuper seulement de la justice stricte, mais que les considérations d'humanité ne doivent pas lui rester étrangères et que l'*assistance* peut être une obligation légale et ne pas rester uniquement du domaine de la volonté privée.

Ce principe semble généralement admis. Il en résulte que l'assistance des ouvriers peut être organisée par une loi, qui s'appuiera, par conséquent, sur les considérations d'humanité et non pas seulement de droit strict.

En fait, d'ailleurs, cela existe déjà, puisque la contribution pour l'Assistance publique est prélevée obligatoirement sur tous les citoyens.

Étant admis que les considérations d'humanité peuvent intervenir dans la loi, est-il désirable, à ce point de vue, de voir modifier l'état de choses actuel ?

Oui, la grande majorité du Congrès le pense, parce que,

d'après la législation actuelle, l'ouvrier n'a droit à une indemnité que lorsque l'accident est dû à la faute du patron, soit, d'après les documents fournis à la Chambre, dans 10 à 12 0/0 des cas d'accidents.

Restent, d'après la même statistique, 88 à 90 0/0 des accidents (68 à 70 0/0 de cas fortuits et 15 à 20 0/0 provenant de la faute de l'ouvrier) dans lesquels l'ouvrier n'a droit à aucune indemnité.

Or, pour les cas fortuits et de force majeure surtout, l'humanité souffre de voir l'ouvrier victime d'un accident qui n'est pas dû à sa faute, rester sans secours et sa famille exposée à tomber dans la misère et le dénuement.

Il est donc désirable qu'il reçoive un secours et que l'assistance soit organisée.

Mais alors se pose immédiatement cette question : Faut-il mettre cette indemnité à la charge d'une caisse d'assistance publique générale, alimentée par tous les contribuables ?

Ou bien faut-il demander les ressources de cette assistance à une caisse spéciale, n'empruntant ses ressources qu'à l'industrie, dans son ensemble ou par catégories ?

Ces deux doctrines ont leurs partisans et peuvent également se défendre.

Au fond, que la question soit résolue par la création de Caisses de prévoyance et de secours spéciales à chaque industrie, ou par des Caisses départementales, réclamées par quelques syndicats, ou par une Caisse générale des Invalides du travail, ou par une Caisse nationale d'assistance publique, c'est toujours une mesure d'*assistance*, dont les frais doivent peser sur une collectivité plus ou moins grande et non pas sur le seul patron dans l'atelier duquel se sera produit l'accident, ainsi que le détermine la loi votée par la Chambre.

Il y a lieu de faire une loi sur les accidents du travail.

De ces considérations générales il ressort qu'à cette question : *Y a-t-il lieu de modifier l'état actuel des choses et de faire une loi spéciale sur les accidents du travail ?* On peut répondre, ainsi que l'a fait la presque unanimité du Congrès : Oui, il y a lieu de faire cette loi, soit qu'on veuille, en maintenant le droit commun, accélérer simplement la procédure de ces sortes d'affaires, soit qu'on veuille en même temps assurer une indemnité à la victime de cas d'accidents fortuits ou de force majeure, sous une forme qui serait à étudier.

PRINCIPE DE LA LOI

Étant admis qu'une loi doit être faite sur la matière, de quel principe s'inspirera-t-elle ?

La loi votée en seconde délibération par la Chambre met l'indemnité à laquelle ont droit la victime ou ses représentants *à la charge du chef de l'Entreprise, dans tous les cas, sauf si la victime a intentionnellement provoqué l'accident.*

Il est admis que nous sortons du droit strict et que les considérations d'humanité vont motiver certaines dispositions de la loi, mais avec cet article premier on sort véritablement beaucoup trop du droit, on crée une responsabilité injuste, universelle, trop lourde pour les patrons et une irresponsabilité trop absolue des salariés.

Les chefs de maison admettent très bien qu'ils doivent supporter, comme tout le monde, la responsabilité des accidents dus à leur faute, négligence ou imprudence ; un grand nombre même sont disposés à accepter, en tout ou en partie, la charge des accidents dus au cas fortuit ou à la force majeure ; mais ils refusent absolument, au nom de l'équité, de subir la responsabilité d'accidents qui auront eu pour unique cause, bien constatée, la faute de la victime, alors que souvent, eux, patrons, auront défendu expressément, par tous les moyens imaginables, d'accomplir l'acte qui a entraîné l'accident et auront pris toutes les mesures néces-

Quel sera le principe de la loi ?

saires pour protéger l'ouvrier contre le danger auquel il pouvait être exposé.

Il est donc à désirer que les accidents soient classés et traités comme suit :

1° Ceux qui sont dus à la faute du patron et dont la responsabilité lui incombe tout entière ;

2° Ceux qui sont dus au cas fortuit ou à la force majeure et dont la charge pourrait être supportée à la fois par le patron et par l'ouvrier ;

3° Ceux qui sont dus à la faute de l'ouvrier et qui, par conséquent, ne doivent pas être à la charge du patron.

Tout en donnant satisfaction plus grande à l'équité, cette classification n'empêcherait même pas les victimes de la troisième catégorie de recevoir une indemnité de secours, du fait de l'assistance ; mais, si une assistance de cette nature était possible, ce ne serait pas le chef de maison qui supporterait la charge de cette indemnité.

Pour éviter la création d'une caisse spéciale affectée aux indemnités de cette troisième catégorie, certains industriels ont pensé à faire payer ces indemnités par l'ensemble des ouvriers, tout en laissant à la charge exclusive des chefs de maison les accidents des deux premières catégories, et cela au moyen d'une disposition spéciale qui laisse subsister l'article premier du projet de loi, tout léonin qu'il soit.

Cette disposition consiste à **rendre obligatoire l'assurance contre les accidents et à faire payer aux ouvriers 20 0/0 de la prime**.

De cette façon, étant admis qu'il y a environ 20 0/0 des accidents qui sont dus à la faute des ouvriers et que, par conséquent, 80 0/0 du chiffre total des indemnités doivent être payés par les patrons, ce résultat serait obtenu : les patrons paieraient 80 0/0 de la prime d'assurance et les ouvriers 20 0/0.

Il en résulterait que la classification donnée plus haut pourrait être négligée et que tout accident, quelle qu'en fût la cause, donnerait droit à une indemnité qui serait acquise à la victime, sauf à la fixer d'avance. — Satisfaction serait ainsi donnée, à la fois, à l'équité et à l'humanité.

C'est ce qu'avait proposé M. Le Gavrian.

La seule objection qu'on ait faite à cette solution, c'est que, dans le cas où il y a faute du patron, l'ouvrier ne peut pas, en droit, être tenu de contribuer en quoi que ce soit à l'indemnité qu'il reçoit et qui doit être payée tout entière par le chef de la maison.

On peut répondre à cela que, puisque pour faire la loi nouvelle il faut, de toute façon, sortir du droit strict, ce n'est plus qu'une question de mesure dans laquelle il faut s'efforcer de traiter de la même manière les deux parties. Or, si dans 15 à 20 0/0 des cas, on fait payer aux ouvriers 1/5 de prime qu'ils ne doivent pas ; d'autre part, dans 60 0/0 des cas, on fait payer aux chefs de maisons 4/5 des primes qu'ils ne doivent pas non plus. Il y a donc encore avantage en faveur des ouvriers, au point de vue de l'équité en même temps que l'indemnité leur est assurée dans tous les cas.

Cette solution paraît très bonne si l'on accepte le principe de l'assurance obligatoire. Mais, cette condition est nécessaire, car il est bien évident que la combinaison repose tout entière sur le jeu de l'assurance et que, si celle-ci n'est pas rendue obligatoire, rien ne garantira le paiement des indemnités aux victimes en cas de non-assurance, surtout par les petits industriels, à ressources limitées, qui forment les 4/5 de ce qui constitue l'industrie française.

Reste donc à savoir si le Congrès est disposé à accepter l'assurance obligatoire, ou s'il la repousse.

Il semble que la majorité des industriels accepteraient assez facilement cette obligation, avec la participation des ouvriers au paiement de la prime et la faculté de s'assurer soit à l'État, soit à des syndicats mutuels, soit à des Compagnies offrant des garanties de contrôle.

Objections.

On a fait diverses objections à l'assurance obligatoire. Et d'abord, au point de vue du principe, il semble que *l'État n'a pas le droit de l'imposer à un industriel ou à un ouvrier.*

C'est, dit-on, une question d'intérêts privés, dont chacun doit rester juge et dans laquelle les pouvoirs publics n'ont pas le droit d'intervenir. C'est une mesure de prévoyance ; elle peut être conseillée, mais non imposée. Chacun doit rester maître de décider s'il entend prendre à sa charge les conséquences de l'accident ou s'en garantir par une assurance.

Voici une autre objection très sérieuse :

L'obligation de s'assurer entraînera l'obligation de fournir à l'industriel un assureur.

L'État devra donc assurer tous ceux qui s'adresseront à lui, soit spontanément, soit qu'ils aient été repoussés par les Compagnies d'assurances.

Or, il arrivera ceci : les industriels d'une incurie habituelle et notoire, négligents, insoucieux des mesures préventives, seront repoussés par les Compagnies et retomberont à la charge de l'État; certains d'être nécessairement assurés par lui, ils ne deviendront pas plus prudents, ne prendront pas de mesures préventives et grèveront d'une lourde charge la caisse de l'État.

D'autre part, tous les industriels insolvables, repoussés aussi par les Compagnies, retomberont également dans l'assurance par l'État et constitueront pour lui une source de pertes. — Que fera l'État à leur égard ? Refusera-t-il à leurs ouvriers le bénéfice de l'assurance, ou bien la leur donnera-t-il en la prélevant, par conséquent, sur l'impôt ?

En ajoutant que l'assurance faite exclusivement par l'État entraînerait à des frais considérables, nous avons résumé

les objections présentées au Congrès contre l'assurance
obligatoire.

Ses partisans, au contraire, font remarquer qu'il ne faut
pas, pour la repousser, invoquer le droit strict, puisqu'il
est entendu, une fois pour toutes, que le projet de loi doit
nécessairement s'en écarter si l'on veut améliorer la situa-
tion actuelle ; dès lors, ce n'est plus qu'une question de
mesure, il s'agit de trouver la combinaison la meilleure
pour sauvegarder les intérêts opposés qui sont en présence,
sans faire de la justice stricte une condition absolue.

En ce qui concerne les industriels négligents, on peut
leur faire subir la conséquence de leur incurie en établis-
sant, pour une même industrie, plusieurs classes de risques
et faisant payer la prime la plus élevée à ceux dont les
mesures seront le moins bien prises. On peut également,
lorsque l'accident sera dû à leur faute, les frapper d'une
amende variable, qui ne serait pas couverte par l'assurance,
et qui constituerait un supplément de prime.

Enfin, s'il y a déficit provenant des insolvables, l'État
pourra être conduit à élever ses primes, et, dans ce cas,
comme on sera libre de s'assurer aux Compagnies ou aux
syndicats mutuels, les industriels solvables n'auront pas à
souffrir de cette élévation de prime. D'ailleurs, l'État pourrait réduire beaucoup le nombre des insolvables en recou-
vrant la prime d'avance, comme un impôt, par l'intermé-
diaire des percepteurs.

Il semble donc que l'assurance obligatoire, avec les tem-
péraments indiqués, peut être acceptée sans grande difficulté
par l'industrie, étant donné, d'autre part, qu'elle est indis-
pensable pour assurer le fonctionnement de toute loi reposant sur le principe d'assurance et, qu'en fait, beaucoup
d'industriels sont déjà librement assurés.

Un grand nombre d'industriels demandent enfin que le
paiement des indemnités soit assuré dans tous les cas, sans

contestation des Compagnies d'assurances, et que celles-ci
ne puissent pas se substituer aux patrons pour discuter
directement avec les ouvriers, ce qui a lieu présentement.

Après l'exposé de ces considérations générales, le Congrès
a passé à l'examen des divers articles du projet de loi, et
recherché les améliorations dont ils sont susceptibles.

Discussion des articles de la loi.

ARTICLE PREMIER.

Si le principe de l'assurance obligatoire, avec participation des ouvriers à la prime, est accepté, il entraîne
comme conséquence que *tout accident, quelle qu'en soit la
cause, donne droit à une indemnité en faveur de la victime.*

Si l'assurance obligatoire avec participation des ouvriers
à la prime est repoussée, le droit à indemnité n'existe plus
que pour la première catégorie d'accidents (faute du patron).

Or, l'article premier voté par la Chambre met à la charge
du chef de l'entreprise l'indemnité dans tous les cas d'accidents, sauf lorsque l'accident a été intentionnellement provoqué par la victime.

. Quelques industriels acceptent cette disposition, mais à
la condition qu'elle ne s'applique qu'à certaines industries,
bien déterminées par la loi, et qui seraient celles qui
présentent le risque professionnel, limité très nettement.

Les autres industries, ne présentant pas ce risque, res-
teraient dans le droit commun actuel.

Une difficulté sérieuse se présente : c'est de classer les
industries et de déterminer ce risque professionnel. Il

existe, à un degré variable, partout dans l'industrie. On engloberait donc l'industrie tout entière.

Cette solution semble absolument *inacceptable* au Congrès.

D'autres industriels pensent, avec raison, que pour rendre cet article premier admissible, il faudrait, tout au moins, exclure des accidents donnant droit à l'indemnité ceux qui auraient pour cause la faute bien constatée de la victime; à moins, nous le répétons, que le principe de l'assurance obligatoire avec participation de l'ouvrier à la prime ne soit admis, auquel cas le droit à indemnité existerait toujours.

C'est ici que le Congrès est appelé à se prononcer sur cette question de principe qui domine toute la loi :

Faut-il accepter le principe de l'assurance obligatoire avec participation des ouvriers au paiement de la prime et faculté de s'assurer soit à la caisse de l'État, soit aux Syndicats mutuels, soit aux Compagnies d'assurances ?

A l'unanimité moins cinq voix, le Congrès a répondu : **OUI**.

On réaliserait ainsi trois avantages :
1° On supprimerait bien des contestations ;
2° On ne s'exposerait pas à ruiner la petite industrie ;
3° On assurerait le paiement des indemnités aux ouvriers dans tous les cas.

Art. 2.

L'article 2 soulève la question de la fixité de l'indemnité pour chaque nature d'accident et de la limite minima de cette indemnité :

Faut-il admettre que l'indemnité puisse varier entre un minimum et un maximum pour un accident déterminé, ou bien est-il préférable de la fixer invariablement à une certaine fraction du salaire?

L'avantage de cette dernière solution est de supprimer toute contestation, tout appel, et de diminuer les causes de procès. Il est à prévoir, en effet, que l'ouvrier à qui on n'aura accordé que le minimum de l'indemnité afférente à sa nature d'incapacité de travail, interjettera souvent appel dans l'espoir d'obtenir le maximum.

Mais, d'autre part, il semble équitable de faire varier cette indemnité suivant le degré de responsabilité qui incombera respectivement à l'ouvrier et au chef de maison dans l'accilent.

Si l'accident est dû entièrement, par exemple, à la faute de l'ouvrier, il ne semble pas juste que celui-ci soit indemnisé aussi fortement que s'il n'était en aucune façon cause de l'accident et que celui-ci fût dû entièrement à la faute du chef de maison ou de ses agents. *L'élasticité de l'indemnité entre un minimum et un maximum* permet de tenir compte de ces degrés divers de responsabilité, et, pour ce motif, *cette solution est acceptée par la majorité du Congrès.*

Quant aux minima absolus de 400 francs de rente viagère pour les hommes et de 250 francs pour les femmes, plusieurs industriels en ont demandé la suppression, s'appuyant sur ce que, dans les industries agricoles et dans certaines régions, le salaire des ouvriers est tel que cette somme de 400 francs représenterait le maximum de l'indemnité à laquelle ils peuvent avoir droit, et que la variabilité que la loi a voulu donner à cette indemnité cesserait ainsi, en fait, d'exister.

Art. 3.

Un certain nombre d'industriels ont demandé que l'article 3 fût suivi d'un tableau indicatif des différents cas d'incapacité partielle, avec le tarif de l'indemnité afférente à chacun d'eux.

Cette disposition aurait l'avantage de supprimer toute incertitude de la part du juge, en même temps qu'une cause de procès incessants. Cette taxation devrait être, d'ailleurs, proportionnée au salaire moyen de la victime.

On a objecté à cela que cette taxation serait assez délicate à faire et que, de plus, elle serait une cause d'injustice. En effet, le même accident n'a pas les mêmes conséquences dans les diverses industries, au point de vue de la capacité professionnelle.

Un accident léger, la perte du pouce, par exemple, ne permet plus à un compositeur d'imprimerie de travailler de son métier, tandis que la perte des deux jambes peut permettre à un dessinateur ou à un comptable de continuer son travail.

Il paraît donc plus juste de faire entrer cette considération en ligne de compte dans la fixation de l'indemnité, puisqu'elle est un des éléments du préjudice causé, et de *laisser par conséquent au juge la faculté d'appréciation dans chaque cas particulier*.

Art. 4.

L'article 4 fait croître les indemnités avec le nombre d'enfants de la victime.

Si l'assurance obligatoire n'était pas admise et si les indemnités restaient, par suite, à la charge du chef de maison, cet article aurait pour conséquence naturelle de fermer la porte aux ouvriers mariés et chargés de famille, c'est-à-dire à ceux qui ont le plus besoin de travail. — Les industriels auraient tout intérêt, en effet, à prendre des ouvriers célibataires ou, au moins, peu chargés de famille.

De plus, si l'indemnité est à la charge du chef de maison, celui-ci ne peut être rendu responsable, au point de vue de la justice, que du préjudice causé. Or, ce préjudice, c'est la perte du salaire et pas autre chose. Il ne dépend nullement de l'importance numérique de la famille, et, par suite, il y a injustice à faire varier cette indemnité avec le nombre des enfants. La seule base de l'indemnité doit être le salaire.

Que l'humanité, au contraire, placée en face de cette considération de famille y soit sensible et y satisfasse en faisant varier l'indemnité avec l'importance de la famille, rien de mieux ; mais alors cette indemnité, ce secours, ne peut être mis à la charge exclusive du patron. Sinon, la conséquence que nous avons indiquée se produira naturellement.

Avec l'assurance obligatoire, toutes ces difficultés peuvent disparaître et l'humanité peut recevoir satisfaction sans que le chef de maison soit lésé dans ses intérêts.

En effet, il sera possible aux Compagnies d'assurances de tenir compte, dans les règlements des sinistres, des situations de famille, au moyen d'un accroissement de prime relativement très faible.

Quelques industriels estiment que les chiffres des indemnités prévues dans le projet de loi sont trop élevés. — Ils font remarquer que le minimum de 400 francs de rente, s'il était maintenu, exigerait en moyenne un capital aliéné de 6,000 francs, et que beaucoup de petits patrons et d'associations ouvrières n'ont pas même un fonds de roulement de cette importance. Si donc ils ne s'assurent pas, ce sera la ruine pour eux.

Avec l'assurance obligatoire, au contraire, ils n'auront qu'à payer des primes en rapport avec leurs ressources.

Art. 12.

L'article 12 soulève une très grave et très importante question, celle de la responsabilité civile du chef de maison :

Cette responsabilité doit-elle être fixée dans tous les cas par les dispositions de la présente loi, même lorsque l'accident est le résultat de la faute du patron et qu'une condamnation pénale est intervenue contre lui ?

Ou bien y aura-t-il des cas où cette limitation ne sera pas applicable et où elle devra être remise à la décision du Tribunal?

La presque unanimité des industriels demandent que *la responsabilité civile soit fixée dans tous les cas par les dispositions de la loi et que les paragraphes 2 et 3 de l'article 12 soient supprimés.*

Ce qui effraie surtout, c'est que les indemnités puissent être illimitées et que les industriels ne soient pas fixés sur les charges qu'ils peuvent avoir à subir. En les limitant, on éviterait de nombreux procès.

Dans l'appréciation des responsabilités pénales, le Tribunal devra d'ailleurs tenir compte des mesures de protection et de sécurité prises par l'industriel.

La grande majorité du Congrès se rallie à l'amendement présenté par MM. Fairé et Camescasse. (*Voir* page 25, article 12.)

Art. 14.

Le projet de loi ne donne que 24 heures pour faire la déclaration de l'accident. C'est un délai bien court dans certains cas et qui pourrait, sans inconvénient, être porté à 48 heures.

A la campagne, par exemple, on n'a pas toujours un médecin sous la main ; il peut n'arriver que plusieurs heures après l'accident. Le patron peut n'être pas sur le lieu du sinistre et n'en être informé que trop tard pour pouvoir faire soigner la victime et faire la déclaration, accompagnée du certificat du médecin, dans les 24 heures. Un délai maximum de 48 heures, permettrait, au contraire, d'accomplir aisément ces formalités.

Art. 19.

Un certain nombre d'industriels craignent qu'en accordant de plein droit à l'ouvrier blessé le bénéfice de l'assistance judiciaire, il y ait là pour lui une sorte d'excitation à faire dans tous les cas un procès à son patron, puisqu'il n'aurait rien à perdre et ne pourrait qu'y gagner. Ils désireraient que le *Président du Tribunal restât juge d'accorder ou de refuser l'assistance judiciaire.*

Art. 20.

Peut-être y a-t-il imprudence à rendre de suite exécutoire un jugement qui peut être modifié par la Cour d'appel.

Art. 23.

En cas de récidive, dans l'année, de l'omission des formalités de l'article 13, la loi établit qu'un emprisonnement de six jours à un mois pourra être prononcé, en outre d'une amende de 500 à 2,000 francs.

Cette peine de l'emprisonnement paraît excessive et devrait être supprimée.

Art. 26.

Le délai de revision des pensions et indemnités est fixé à un an. Cependant il arrive que des infirmités, considérées comme incapacités permanentes de travail, se guérissent après plusieurs années, tandis que, réciproquement, des blessures d'abord légères donnent lieu, après un temps assez long, à des incapacités permanentes. Il serait donc à désirer qu'il y eût toujours lieu, ou au moins pendant cinq années, de part et d'autre, à revision des pensions et indemnités, sur avis d'un médecin expert nommé par le Tribunal.

Art. 34.

La loi a voulu favoriser la création des syndicats d'assurance mutuelle, mais elle a rendu leur formation très difficile en décidant que les industriels seraient *solidairement* responsables des avances faites par l'État, ce qui permettrait à celui-ci de poursuivre contre un seul des membres le recouvrement total de sa créance. Cette menace écartera les industriels des syndicats mutuels, inconvénient qui n'existerait pas si on remplaçait le mot *solidairement* par le mot *proportionnellement*.

En tenant compte de toutes les observations formulées ci-dessus, le Congrès s'est trouvé amené à proposer le contre-projet suivant qui repose sur l'établissement de l'assurance obligatoire.

CONTRE-PROJET DE LOI

reposant sur l'adoption de l'assurance obligatoire.

Article premier.

Tout accident survenu dans leur travail, par le fait de ce travail lui-même ou à son occasion, aux ouvriers et employés occupés, même pour le compte de l'État, des départements, des communes ou des établissements publics, dans les usines, manufactures, chantiers, entreprises de transport, de chargement et de déchargement, de travaux de constructions et de bâtiments, mines, minières, carrières, travaux souterrains, dans toute exploitation où il est fait usage d'un outillage à moteur mécanique, et dans tout travail où l'on produit ou emploie des matières explosibles, donne droit, au profit de la victime ou de ses ayants droit, à une indemnité dont l'importance et la nature sont déterminées ci-après :

Les employés et ouvriers dont les appointements dépassent 4,000 francs ne bénéficieront que jusqu'à concurrence de cette somme des dispositions de la présente loi.

Il ne sera dû aucune indemnité à la victime qui aura intentionnellement provoqué l'accident.

L'accident résultant de l'ivresse sera considéré comme intentionnellement provoqué, à moins que l'enquête n'établisse que le patron ou ses agents ont constaté l'état d'ébriété de l'ouvrier et l'ont néanmoins laissé travailler.

L'indemnité est réglée au moyen de l'assurance obligatoire prévue ci-après.

Fixation des Indemnités.

Art. 2.

Lorsque l'accident aura occasionné une incapacité permanente absolue de travail, la victime aura droit à une pension viagère dont le montant pourra varier, suivant les circonstances de cet accident, entre le tiers et les deux tiers du salaire moyen annuel.

Est considérée comme incapacité permanente absolue de travail, la perte complète de la vue, de la raison ou toute infirmité incurable qui rende le travailleur impotent.

Art. 3.

Si l'accident n'a occasionné qu'une incapacité permanente partielle de travail, la pension attribuée à la victime par l'article précédent sera diminuée dans la proportion de la capacité de travail restante.

Art. 4, 5, 6, 7, 8, 9, 10, 11.

Comme au projet de loi.

Art. 12.

Au moyen des indemnités ci-dessus fixées, toute action civile en réparation du dommage éprouvé est entièrement et définitivement réglée vis-à-vis de tous auteurs des quasi-délits ou des délits qui ont pu être la cause de l'accident, ou de ceux qui en seraient civilement responsables.

Il n'est en rien dérogé à l'exercice de l'action publique.

Art. 13.

Comme au projet de loi.

Art. 14.

Comme au projet de loi, sauf 48 heures au lieu de 24 heures, pour le délai maximum de la déclaration de l'accident.

Art. 15, 16, 17, 18.

Comme au projet de loi.

Art. 19.

Le Président du Tribunal décidera si l'assistance judiciaire doit être accordée à la victime de l'accident.

Art. 20, 21, 22.

Comme au projet de loi.

Art. 23.

Seront punis d'une amende de 50 francs au moins et de 500 francs au plus, les chefs d'industrie ou leurs préposés, qui auront contrevenu aux dispositions des articles 14 et 27 de la présente loi.

En cas de récidive dans l'année, l'amende sera élevée de 500 francs à 2,000 francs.

L'article 463 du Code pénal est applicable aux condamnations prononcées en vertu des paragraphes précédents.

Art. 24, 25.

Comme au projet de loi.

Art. 26.

Il pourra y avoir lieu, pendant cinq ans, à revision des pensions viagères, sur avis d'un médecin-expert nommé par le Tribunal.

De l'Assurance.

Art. 27.

Dans toutes les industries déterminées par la présente loi, l'assurance contre les accidents du. travail est obligatoire.

L'assurance est contractée par les soins du patron. L'ouvrier ne peut être tenu de contribuer au paiement de la prime que jusqu'à concurrence du cinquième (20 0/0), sans que le montant de la retenue correspondante puisse excéder cinq centimes par jour.

Cette assurance devra garantir le paiement des indemnités stipulées par la présente loi.

Art. 28.

L'assurance pourra être contractée soit à la Caisse créée par la loi du 11 juillet 1868, soit aux Syndicats d'assurance mutuelle prévus par la présente loi, soit aux Compagnies d'assurances approuvées par l'État et conformes à un règlement d'administration publique édicté à cet effet.

Art. 29.

Indépendamment des pénalités prévues par l'article 23 de
la présente loi, l'industriel qui ne se sera pas conformé à
l'article 27 de cette loi, et qui, par conséquent, peut compro-
mettre le paiement de l'indemnité à l'ouvrier en cas d'accident, par sa faute volontaire ou sa négligence, devra, en
cas d'accident, payer à l'ouvrier qui en a été victime, ou à
ses ayants droit, le montant total des indemnités prévues par
la loi. Il pourra être contraint de verser à la Caisse des
Retraites le capital nécessaire à la constitution des rentes.

De l'Assurance
par les syndicats d'assurance mutuelle.

Art. 30 à 36.

Comme au projet de loi (28 à 34), sauf dans l'article 36, où
le mot *proportionnellement* est substitué au mot *solidairement*.

De l'Assurance sous la garantie de l'État.

Art. 37 à 51.

Comme au projet de loi (35 à 49).

Art. 52, 53 et 54.

Comme aux articles 50, 51 et 52 du projet de loi.

Art. 55.

Toute convention contraire à la présente loi est nulle de
plein droit.

IMPRIMERIE ET LIBRAIRIE CENTRALES DES CHEMINS DE FER. — IMPRIMERIE CHAIX,
20, RUE BERGÈRE, PARIS. — 29145-12-8.

www.ingramcontent.com/pod-product-compliance
Ingram Content Group UK Ltd.
Pitfield, Milton Keynes, MK11 3LW, UK
UKHW021042120726
13693UKWH00005B/2363